Herzöge und Kurfürsten von Sachsen im 15. Jahrhundert. Seither fungiert Dresden als sächsische Kapitale – mit nur kurzer Unterbrechung als DDR-Bezirksstadt 1952–1990. Seit 1990 ist es Landeshauptstadt des Freistaates Sachsen in der Bundesrepublik Deutschland.

Vom glanzvoll-barocken augusteischen Herrschaftssitz trennt das heutige Dresden die Entwicklung zur modernen Großstadt, die ihren Charakter als wohlhabende Residenz- und Kulturstadt mit ausgedehnten Villenvierteln dennoch lange bewahren konnte. Die tiefste Zäsur der Stadtgeschichte bilden so die verheerenden Luftangriffe vom Februar 1945. Dresden wurde geradezu zur Chiffre für das Grauen

Kurfürst und polnische König August der Starke, der die barocke Prachtentfaltung seiner Residenz im frühen 18. Jahrhundert auf ungeahnte Höhen führte. Sein Sohn Friedrich August II., mit dem der machtpolitische Abstieg Sachsens begann, folgte wie viele seiner wettinischen Nachfolger im kulturellen Bereich den großen Ambitionen des Vaters.

Johann Gottfried Herder prägte 1802 für das Dresden jenes Augusteischen Zeitalters den Beinamen „Deutsches Florenz", aus dem das vielzitierte „Elbflorenz" wurde. In der Tat muss Dresden einen Vergleich mit seiner toskanischen Partnerstadt (seit 1978) nicht scheuen: Die Kunstsammlungen im Schloss und in den großen Gemäldegalerien stehen der Kulturstadt am Arno nicht nach. Gottfried Semper orientierte sich nicht zufällig an den florentinischen Uffizien für die Gemäldegalerie am Zwinger. Dort sind es Kunstwerke italienischer Herkunft, allen voran die Sixtinische Madonna Raffaels und die Stadtansichten Canalettos, die Dresdens Ruf mitbegründeten.

Bevor es sich zu diesen kulturellen Höhen aufschwang, stand das einst slawische Drežďany allerdings lange im Schatten damals bedeutenderer Städte wie Meißen und Freiberg. Es bedurfte erst des Aufstiegs zur Residenz der

Mythos „Elbflorenz"

Dresden eilt weltweit der Ruf einer faszinierenden Kulturmetropole voraus. Jährlich übernachten mehr als vier Millionen Besucher in der lang hingestreckten Halbmillionenstadt im malerischen Elbtal zwischen Meißner Weinbergen und Sächsischer Schweiz. Verantwortlich hierfür ist vor allem der legendäre sächsische

Kurfürst August der Starke und dessen Sohn Friedrich August II. am „Dresdner Fürstenzug"

Inhaltsverzeichnis

Seite

Fotos: Alexander Raßloff, außer Seite 8/9: Bernardo Bellotto, Gemäldegalerie Alte Meister, Dresden; Seite 10/11, 21, 22/23, 38/39, 62, 78/79: Kolossos (CC-BY-SA 3.0); Seite 12: Carsten Braune; Seite 14/15: Kora27 (CC-BY-SA 4.0); Seite 17, 19: Franz Zadnicek, Stadtmuseum Dresden, Museen der Stadt Dresden; Seite 24/25: X-Weinzar (CC-BY-SA-2.5); Seite 26, 54: Dr. Steffen Raßloff; Seite 28/29: Patrick Ribeiro (CC-BY-SA 3.0); Seite 30: Nikater; Seite 32/33, 56/57: Jörg Blobelt (CC-BY-SA 4.0); Seite 35: Dirgela; Seite 36/37: MalteF (CC-BY-SA 3.0 de); Seite 42: Raphael, Gemäldegalerie Alte Meister, Dresden; Seite 44: Johann Christoph Jünger, Reproduktion: Franz Zadnicek, Städtische Galerie Dresden – Kunstsammlung, Museen der Stadt Dresden; Seite 47: Grunpfnul/Sascha Faber (CC-BY-SA 3.0); Seite 49: Julius Scholtz, Reproduktion: Franz Zadnicek, Städtische Galerie Dresden – Kunstsammlung, Museen der Stadt Dresden; Seite 50/51: Avda (CC-BY-SA 3.0); Seite 52/53: Michael Kranewitte, Wikimedia Commons (CC-BY-SA 4.0); Seite 60: © Raimond Spekking, via Wikimedia Commons: commons.wikimedia.org/wiki/File:Deutsches_Hygienemuseum,_mit_Plastik_Ballwerfer_von_Richard_Daniel_Fabricius- 9716.jpg (CC BY-SA 4.0, creativecommons.org/licenses/by-sa/4.0/legalcode); Seite 64/65: Je-str (CC-BY-SA 3.0); Seite 66: Walter Möbius, SLUB/Deutsche Fotothek (CC-BY-SA 4.0); Seite 69: Richard Peter, sen., SLUB/Deutsche Fotothek (CC-BY-SA 3.0 de); Seite 70/71: Ncarste (CC-BY-SA 4.0); Seite 74/75: Rufus46 (CC-BY-SA 3.0); Seite 77: Matthias Hiekel, Bundesarchiv, Bild 183-1990-0912-029 (CC-BY-SA 3.0); Seite 80/81: Eckold, Technische Universität Dresden; Seite 84/85: Dittrich, Amt für Wirtschaftsförderung, Landeshauptstadt Dresden; Seite 88/89: Geo-Loge (CC-BY-SA 3.0); Seite 90/91: Städtische Galerie Dresden (CC-BY-SA 3.0)

zu Abbildung Titel & Seite 2/3: Grundriss von Dresden, veröffentlicht bei: Schreibers Erben, Leipzig nach 1750

Der Autor Dr. Steffen Raßloff arbeitet als Historiker und Publizist in Erfurt.

Impressum

Am Hang 27, 98693 Ilmenau
Tel.: 03677/46628-0, Fax: 03677/46628-80
www.RhinoVerlag.de

Titelbild: Johann G. Lohse
Layout, Satz: Verlag ***grünes herz***®, Sibylle Senftleben
Schrift: Aldine401 BT
Titelgestaltung: Jana Rogge, Weimar

1. Auflage 2019
ISBN: 978-3-95560-072-3

Steffen Raßloff

Kleine Geschichte der Stadt Dresden

RHINOVERLAG

Holzhof
Zimmer Plaz
Stallung

Steffen Raßloff

Kleine Geschichte der Stadt Dresden

Rhino Westentaschen-Bibliothek
Band 72

steuern belasteten die Dresdner Bürger. Zudem hielt sich der Monarch oft in seiner zweiten Residenz Warschau auf.

Überdies brachte die notwendige Konversion des Herrschers zum Katholizismus große Probleme. August dem Starken war das polnische Königtum ohne weiteres „eine Messe wert“, besaß doch Religion für den Barockfürsten keinen großen Stellenwert. Für das Verhältnis zu seinen Untertanen war dies dagegen von weitreichenden Folgen. Das protestantische Sachsen wurde nun bis 1918 von einer katholischen Dynastie geführt. Symbole hierfür sind die Frauenkirche (1743) von Baumeister George Bähr als einer der bedeutendsten evangelischen Sakralbauten Europas, der die von Friedrich August II. errichtete katholische Hofkirche (1751) gegenübersteht, die fortan auch als Grablege der Wettiner diente.

August des Starke ist vor allem durch seine absolutistische Prachtentfaltung in Erinnerung geblieben. Seine rege Bautätigkeit und Sammelleidenschaft begründeten den Ruf Dresdens als prunkvolle barocke Metropole, die jetzt bereits rund 60.000 Einwohner zählte. Hierfür stehen Bauwerke wie

---

Das Kronentor mit den zu beiden Seiten anschließenden Langgalerien

der Zwinger (1728), das Japanische Palais (1733), die Augustusbrücke (1731) und das Taschenbergpalais (1708). Letzteres hatte der Kurfürst für seine Mätresse Gräfin Cosel errichten lassen.

Bei den meisten Projekten federführend beteiligt waren Baumeister Matthäus Daniel Pöppelmann und Bildhauer Balthasar Permoser, die mit dem Zwinger ihr kongeniales Meisterwerk schufen. An die vielen Künstler und Handwerker aus Ita-

lien erinnert das Restaurant „Italienisches Dörfchen“ am Theaterplatz, wo einst die Bauleute der Hofkirche wohnten.

Die Residenzlandschaft rund um Dresden erhielt ebenfalls ein barockes Gepräge, insbesondere mit dem der China-Mode verpflichteten Schloss Pillnitz (1725) an der Elbe, dem in eine malerische Seenlandschaft eingebetteten Jagdschloss Moritzburg (1736) und dem Barockgarten Großsedlitz (1732) bei Pirna.

Dresdner Elbpanorama mit der Frauenkirche (links) und der Hofkirche (rechts)

Pillnitz ist auch für seinen Schlosspark mit gärtnerischen Raritäten wie der 1801 gepflanzten „Pillnitzer Kamelie" bekannt. Es wurde mehrfach zum Schauplatz der großen Geschichte, so als Wohnsitz der Gräfin Cosel, der bekanntesten Mätresse Augusts des Starken, und durch die Pillnitzer Deklaration 1791 von Preußen und Österreich zu Beginn der Französischen Revolutionskriege. Das „Märchenschloss" Moritzburg, einer der Lieblingsaufenthalte Augusts, erlangte durch den 1973 gedrehten deutsch-tschechischen Film „Drei Haselnüsse für Aschenbrödel" große Popularität.

Schloss Pillnitz gehört zu den barocken Perlen der Dresdner Residenzlandschaft.

Die Kunstsammlungen des Grünen Gewölbes, benannt nach dem grünen Anstrich der seit 1560 hierfür genutzten Räume im Schloss, erlangten Weltruf. 1729 hatte August der Starke seine Schatzkammer als barockes Gesamtkunstwerk und Ausdruck absolutistischer Macht eröffnet. Unter den heute wieder im Schloss präsentierten Kunstschätzen ragt „Der Hofstaat zu Delhi" (1708) von Hofjuwelier Johann Melchior Dinglinger heraus. Für das Hauptwerk der europäischen Juwelierkunst wurden 4909 Diamanten, 160 Rubinen, 164 Smaragden, ein Saphir, 16 Perlen und zwei Kameen verarbeitet. Die Prachtfassade Dresdens war Schauplatz höfisch-

er Feste, die alle bisherigen Rahmen sprengten. Heraus ragte 1719 die Hochzeit des Kurprinzen mit Maria Josepha von Habsburg, der Tochter Kaiser Josephs I.

Trotz aller barock-absolutistischen Selbstdarstellung des Herrschers spielten aber auch die Landstände im Regierungsalltag weiter eine vergleichsweise starke Rolle. Zu den Reformen im staatlichen Bereich gehörte die Schaffung eines Geheimen Rates als Vorstufe späterer Landes-

---

Der „Goldene Reiter" in der Dresdner Neustadt (1736)

regierungen 1706. Prägende Persönlichkeit war Graf Jakob Heinrich von Flemming, der engste Vertraute des Monarchen.

Unter den wirtschaftlichen Bemühungen Augusts ragte die Gründung der Meißner Porzellanmanufaktur in der Albrechtsburg 1710 heraus, nachdem Ehrenfried Walther von Tschirnhaus und Johann Friedrich Böttger 1708 in Dresden erstmals das begehrte „Weiße Gold" hergestellt hatten.

Als legendärer Herrscher, dessen Beiname sich auf seine Körperkraft und seine zahlreichen Mätressen bezieht, rückte August der Starke zur zentralen historischen Identifikationsfigur Sachsens auf. Das wohl bekannteste Denkmal des Landes, der „Goldene Reiter" (1736) auf dem Neustädter Markt, zeigt den Kurfürsten und König als glanzvollen römischen Caesaren. Auch die Schattenseiten seiner Herrschaft, wie z. B. die Konversion zum Katholizismus und die wenig erfolgreiche Polen-Politik, konnten an dieser Sicht wenig ändern. Unstrittig sind zudem seine Verdienste beim Aufstieg Sachsens und seiner Residenz Dresden zu einem kulturellen Brennpunkt von Weltruf.

In der Kulturpolitik konnte Friedrich August II. an die Ambitionen seines Vaters anknüpfen. Ihm lag die Gemäldesammlung besonders am Herzen. Hierfür öffnete er 1747 im späteren

Johanneum die erste Galerie, heute einer der Hauptanziehungspunkte der Staatlichen Kunstsammlungen Dresden. Werke wie die Sixtinische Madonna von Raffael, 1754 angekauft, gehören zu den bekanntesten Kunstwerken der Welt.

Dank der Sammelleidenschaft und des Mäzenatentums des Kurfürsten-Königs lässt sich das barocke „Elbflorenz" in den Stadtansichten des italienischen Malers Bernardo Bellotto, genannt Canaletto wiederentdecken. Den Dresdner Kunstsammlungen verdankte auch der von Friedrich August II. protegierte Johann Joachim Winckelmann, Begründer der klassischen Antike-Verehrung, wichtige Impulse.

Die Regierungsarbeit überließ der kunstbegeisterte Monarch allerdings zunehmend seinem Premierminister Heinrich Graf von Brühl, der das als korrupt berüchtigte „Brühlsche System" aufbaute. Auf ihn geht freilich eine der Hauptattraktionen Dresdens zurück, die Brühlsche Terrasse am Elbufer. Hier war seit 1739 auf den Festungswällen eine Flaniermeile mit Gärten und Palais entstanden.

Sixtinische Madonna von Raffael in der Gemäldegalerie Alte Meister

Bei der Konkurrenz mit den Kurfürsten von Brandenburg und Königen in Preußen aus dem Hause der Hohenzollern bewegten sich die Wettiner unter August dem Starken noch voll auf Augenhöhe. Der Abstieg begann unter seinem Sohn, als der preußische König Friedrich II. 1740 das österreichische Schlesien besetzte. Im Ersten Schlesischen Krieg 1740–1742 noch mit Preußen verbündet, trat Sachsen im Zweiten Schlesischen Krieg 1744/45 auf die Seite Österreichs. Ergebnis war die Niederlage von Kesselsdorf bei Dresden 1745.

Noch verhängnisvoller gestaltete sich der Siebenjährige Krieg 1756–1763. Sachsen hatte sich in eine große antipreußische Allianz mit Österreich, Frankreich und Russland einfügt. Als schwächster Teil des Bündnisses geriet es ins Visier Friedrichs des Großen. Das schlecht gewappnete Land wurde von dessen Truppen weitgehend kampflos besetzt. Am 16. Oktober 1756 kapitulierte die Armee in der Sächsischen Schweiz unter den Augen ihres Kurfürsten und Königs, der auf die Hauptfestung Königstein geflüchtet war. Friedrich August und Brühl reisten hierauf nach Warschau, wo sie ohnmächtig dem Geschehen zusehen mussten. Über Jahre litt Sachsen unter Krieg und preußischer Besetzung. Beim Beschuss Dresdens 1760 fiel unter anderem die Kreuzkirche in Schutt und Asche.

Altmarkt während der preußischen Beschießung am 9. Juli 1760, Gemälde im Stadtmuseum Dresden

Niedergang und Wiederaufstieg

Mit dem Frieden von Hubertusburg 1763 war der Wettstreit von „Sachsens Glanz und Preußens Gloria“ entschieden. Während sich Preußen als europäische Großmacht behauptete, fiel Sachsen auf den Status einer deutschen Mittelmacht zurück. Hiermit verbunden war das Ende der barocken Prachtentfaltung in Dresden. Kurfürst Friedrich Christian (reg. 1763) leitete eine Konsolidierung ein, das „Sächsische Rétablissement“ (Wiederherstellung), an das Kurfürst Friedrich August III. (reg. 1763–1806, als Friedrich August I. 1806–1823 König von Sachsen) anknüpfte.
Das „lange 19. Jahrhundert“ zwischen Französischer Revolution 1789 und Erstem Weltkrieg 1914/18 führte Dresden in die bürgerliche, industriell-urbane Moderne. Die Truppen Frankreichs erlangten unter Napoleon den Nimbus der Unbesiegbarkeit. Sachsen bekam dies als Verbündeter Preußens 1806 in der Schlacht von Jena und Auerstedt deutlich zu spüren. Es wurde allerdings

Denkmal für König Friedrich August I. auf dem Schlossplatz

FRIEDRICH AUGUST DEM GERECHTEN
DAS DANKBARE VATERLAND.

fortan wohlwollend behandelt. Nach dem Ende des Alten Reiches 1806 stieg Sachsen sogar zum Königreich von Napoleons Gnaden auf. Friedrich August I. stand fortan treu zum Kaiser der Franzosen, der mehrfach in Dresden weilte.

Der Russlandfeldzug 1812, an dem tausende Sachsen teilnehmen mussten, leitete allerdings die Entscheidung gegen Napoleon ein. Im August 1813 konnte er in der Schlacht bei Dresden, der eine verlustreiche Belagerung der Stadt durch die russisch-österreichisch-preußischen Alliierten voranging, noch einen letzten Sieg erfechten. In der Völkerschlacht bei Leipzig im Oktober 1813 erlitt Napoleon dann die entscheidende Niederlage.

Für Sachsen erwies es sich als verhängnisvoll, dass sich sein König nicht zu einem Frontwechsel hatte durchringen können. Auf dem Wiener Kongress 1815 trat der Deutsche Bund ins Leben, in dem Preußen und Österreich weiter um die Vorherrschaft konkurrierten. Das Königreich Sachsen gehörte zu den großen Verlierern und büßte gut die Hälfte seines Territoriums ein.

Die liberale Nationalbewegung, die sich mit dem losen Deutschen Bund nicht zufriedengab, gipfelte in der Revolution von 1848/49. Die Frankfurter Nationalversammlung scheiterte jedoch mit der Ablehnung der Reichsverfassung durch den preußischen König. Hierauf folgte der blutige Dresdner Maiaufstand 1849. König Friedrich August II. (reg. 1836–1854) hatte die Verfassung ebenfalls abgelehnt und musste auf den Königstein flüchten. Preußische Truppen schlugen den Aufstand in viertägigen Straßenkämpfen mit bis zu 300 Todesopfern nieder. Zu den Anführern der Revolution gehörten der Anarchist Michail Bakunin, Hofkapellmeister Richard Wagner und Baumeister Gottfried Semper.

Barrikadenkämpfe auf dem Neumarkt beim Dresdner Maiaufstand 1849, Gemälde im Stadtmuseum Dresden

Die Semperoper steht für die kulturelle Spätblüte des wettinischen Sachsens.

So war es nicht die liberale Nationalbewegung, sondern die Politik von „Eisen und Blut“ des preußischen Ministerpräsidenten Otto von Bismarck, die zur Nationalstaatsgründung führte. 1866 fiel die Entscheidung im preußisch-österreichischen Dualismus durch den Sieg Preußens.

Mit dem Deutsch-Französischen Krieg 1870/71 entstand das Deutsche Kaiserreich. Sachsen wurde von den „Reichseinigungskriegen“ voll erfasst. In der Entscheidungsschlacht bei Königgrätz 1866 kämpfte ein sächsisches Korps unter dem Kronprinzen und späteren König Albert (reg. 1873–1902) an der Seite Österreichs.

Nur knapp konnte das Land erneut einer preußischen Annektion entgehen. Prinz Albert gewann jedoch als Feldherr 1870/71 hohes Ansehen. Der „Löwe Sachsens“, wie ihn Karl May nannte, führte das Königreich als geachtetes Glied in den deutschen Nationalstaat. Am 11. Juli 1871 wurde ihm von der Stadt Dresden ein triumphaler Empfang bereitet.

Mit der zunehmenden politischen Bedeutungslosigkeit konzentrierten sich Sachsen und sein Herrscherhaus auf die Innenpolitik, besonders

auf die Kultur. In diese Zeit geht die endgültige Ausformung des „Elbflorenz" mit seinen repräsentativen Kulturbauten zurück. Die Wettiner zogen zudem bedeutende Künstler an ihre Residenz.

Richard Wagner wirkte 1843–1849 als Hofkapellmeister in Dresden und brachte hier erste wichtige Werke zur Uraufführung („Rienzi" 1842, „Der Fliegende Holländer" 1843, „Tannhäuser" 1845). Seine Wirkungsstätte war das prunkvolle neue Opernhaus Gottfried Sempers, 1841 errichtet und nach einem Brand 1878 erneut eingeweiht. 1854 konnte die vom Kunstakademie-Professor entworfene Sempergalerie (Gemäldegalerie Alte Meister) am Zwinger übergeben werden.

Dresden galt in der ersten Hälfte des 19. Jahrhunderts als ein Zentrum der Spätromantik mit

Semper-Galerie mit der Gemäldegalerie Alte Meister am Zwinger

dem Wirken des Schriftstellers Ludwig Tieck sowie der Maler Caspar David Friedrich und Carl Gustav Carus, letzterer zugleich ein bedeutender Mediziner und Namensgeber des heutigen Universitätsklinikums. Tiecks Salon am Altmarkt mit seinen Vorleseabenden entfaltete Anziehungskraft für Kunstfreunde aus ganz Europa.
Carl Maria von Weber, Schöpfer der Erfolgsoper „Der Freischütz" (1821), war 1817–1826 als Hofkapellmeister tätig. 1844 wurden seine Gebeine auf Initiative Wagners unter großer öffentlicher Anteilnahme von London nach Dresden auf den 1724 eingeweihten Alten Katholischen Friedhof in der Friedrichstadt überführt. Die Grabstätte gestaltete Gottfried Semper.

CARL MARIA
VON
WEBER
*18. Dec. 1786 †5. Juni 1826
Alexander H.V.M. v. Weber
*6. Jan. 1825 †31. Okt. 1844
Ant. Carolina v. Weber
*19. Nov. 1796 †23. Febr. 1852
Cath. Huberta v. Weber
*7. Sept. 1822 †30. Jan. 1874
Max Maria v. Weber
*25. April 1822 †18. April 1881

In Dresden geschaffene Meisterwerke, wie Friedrichs Gemälde „Wanderer über dem Nebelmeer“ (1818) und der Freischütz von Weber trugen auch erheblich zur Romantisierung des nahen Elbsandsteingebirges bei, das seit dem späten 18. Jahrhundert als Sächsische Schweiz große Popularität gewann. Jener bedeutenden kulturgeschichtlichen Epoche sind das Kügelgenhaus – Museum der Dresdner Romantik in der Neustadt und das Carl-Maria-von-Weber-Museum in Hosterwitz bei Pillnitz gewidmet.

Zugleich bewahrte man bedeutsame nationale Kulturtraditionen. So wurde ein Gartenhaus in den Loschwitzer Weinbergen 1863 als „Schillerhäuschen“ zur Gedenkstätte. Dort hatte Friedrich Schiller 1785 und 1787 als Freund des Juristen und Schriftstellers Christian Gottfried Körner gewohnt und seine Ode „An die Freude“ vollendet, die in der Vertonung Beethovens zur Europahymne wurde. Der in Dresden geborene Körner-Sohn Theodor Körner, populärer Dichter der Befreiungskriege, fiel 1813 als Angehöriger des Lützowschen Freikorps. An ihn erinnert das Denkmal auf dem Georgplatz.

Carl Maria von Webers Grab auf dem Alten Katholischen Friedhof

Auch institutionell etablierte sich Dresden weiter als renommierte Kulturstadt. Die 1764 gegründete Kunstakademie erhielt 1894 auf der Brühlschen Terrasse ihre monumentale klassizistische Heimstatt mit der markanten Glaskuppel, die im Volksmund als „Zitronenpresse" tituliert wird. Aus der Akademie ging die heutige Kunsthochschule hervor.

Dort wirkten viele bedeutende Künstler, wie der Bildhauer Ernst Rietschel, Schöpfer des König-Friedrich-August-Denkmals (1835) und des

Carl-Maria-von-Weber-Denkmals (1858) sowie des weltberühmten Goethe-Schiller-Denkmals in Weimar (1857). Das Lutherdenkmal vor der Frauenkirche (1885) ist ein Abguss des Wormser Reformationsdenkmals von Rietschel, der selbst auf der Brühlschen Terrasse mit einem Denkmal (1876) geehrt wurde.

Brühlsche Terrasse mit der Kunstakademie und Frauenkirche

An die Kunstakademie östlich angrenzend hatte man das ehemalige Zeughaus als Albertinum (1889) zum Museum umgebaut, in dem heute die Galerie Neue Meister und Skulpturensammlung untergebracht sind. Das Albertinum wurde zum Ort großer Kunstschauen bis hin zu den zentralen Kunstausstellungen der DDR.
Dresden brachte auch nach wie vor Künstler von Weltruf hervor. Abenteuerschriftsteller Karl May schwang sich an der Elbe vom Sohn eines armen Webers aus Hohenstein-Ernstthal und Zuchthäusler zum weltweit meist gelesenen deutschen Autoren auf. Das Karl-May-Museum in seiner Villa in Radebeul, wo Karl May 1912 verstarb, ist heute ein beliebtes Literaturmuseum. Neben dem Schöpfer von Winnetou und Old Shatterhand wird dort auch an das Schicksal der Indianer Nordamerikas erinnert. Die Maler Erich Heckel, Ernst Ludwig Kirchner, Karl Schmidt-Rottluff und Fritz Bleyl rückten Dresden in den Fokus der Kunstgeschichte. Die 1905 von ihnen gegründete expressionistische Künstlergruppe „Brücke“ gilt als ein Wegbereiter der klassischen Moderne. Deren von Schmidt-Rottluff gewählter Name könnte sich auf die vielen Brücken Dresdens beziehen oder als Metapher für den künstlerischen Aufbruch gemeint gewesen sein.

Die moderne Großstadt

Mit der Reichsgründung 1871 kam die Industrialisierung in Deutschland voll zum Durchbruch. Das Königreich Sachsen entwickelte sich zur Region mit der höchsten Einwohner- und Städtedichte sowie dem dichtesten Eisenbahnnetz. Schon 1839 war auf Initiative des Eisenbahnpioniers Friedrich List die erste deutsche Ferneisenbahn von Dresden nach Leipzig eingeweiht worden. Hierbei kam auch die von Johann Andreas Schubert im Vorjahr in Dresden gebaute erste deutsche Dampflokomotive „Saxonia" zum Einsatz, deren Nachbau im Verkehrsmuseum Dresden zu bestaunen ist. Schon seit 1836 verkehrte die Sächsische Dampfschifffahrt auf der Elbe.

Allerdings entwickelte sich die Residenzstadt nicht zu einem Zentrum der Schwerindustrie, sondern brachte vor allem Unternehmen der Feinmechanik, Optik und Fotochemie hervor. „Richard Hüttig & Sohn" (1887) galt nach der Jahrhundertwende als größte Kamerafabrik Europas, hinzu kamen die „Heinrich Ernemann AG" (1889) und „Emil Wünsche AG" (1887). Die 1926 aus den erfolgreichen Dresdner Werken hervorgegangene Zeiss Ikon AG war einer der bedeu-

Das Deutsche Hygiene-Museum verdankt die Stadt dem Odol-Erfinder Karl August Lingner.

tendsten Hersteller von Kameras und Projektoren weltweit. Hier wurde unter anderem 1936 die erste Messsucherkamera „Contax II“ hergestellt. Schreib- und Rechenmaschinen aus Dresden waren ebenfalls international sehr gefragt.

Auch Lebensmittel, Gebrauchsgüter und Luxusartikel, wie Zigaretten aus der im Stil einer Moschee erbauten Dresdner Fabrik „Yenidze“ (1909), traten ihren Siegeszug von der Elbe aus an. So manche Innovation stammte aus Dresden, wie die Erfindung der Zahnpasta durch den Apotheker Ottmar Heinsius von Mayenburg (1907) und der Kaffee-Filtertüte durch die Hausfrau Melitta Bentz (1908). Seit 1879 betrieb die Molkerei Pfund, deren Stammsitz in der Bautzener Straße als „schönster Milchladen der Welt" gilt, den Vertrieb hygienisch einwandfreier Milchprodukte.

Die Erfindung des weltberühmten Odol-Mundwassers (1892) und die Erfolgsgeschichte der Lingner-Werke für Körperpflege- und Hygieneartikel machten den Chemiker Karl August Lingner zum Millionär. Dieser war zudem ein Förderer der Volkshygiene und gründete 1912 das Deutsche Hygiene-Museum, das 1930 den markanten Neubau am Großen Garten erhielt.

Die Stadt gab darüber hinaus Wissenschaft und Technik nachhaltige Impulse. 1828 als Technische Bildungsanstalt gegründet, sollte die Technische Hochschule Dresden (1890) neben der Forschung (mit Verleihung des Promotionsrechtes 1910) vor allem den Personalbedarf an Ingenieuren im Industrieland Sachsen decken helfen. Aus ihr ist Technische Universität Dresden (1961) mit ihrem ausgedehnten Campus in der Südvorstadt hervorgegangen.

Die Industrialisierung brachte auch einen epochalen Wandel des äußeren Erscheinungsbildes von Dresden, das bereits 1852 die 100.000-Einwohner-Marke überschritten und den Status einer Großstadt erreicht hatte. Während Sachsen seine Einwohnerzahl 1871–1914 von 2,6 auf 5 Millionen verdoppelte, wuchs dessen Hauptstadt sogar von 180.000 auf 550.000 Einwohner. Es war damit die sechstgrößte Stadt des Reiches nach Berlin, Hamburg, München, Köln und Leipzig.

Das Militärhistorische Museum ist eines der größten seiner Art in Europa.

Die Stadt dehnte sich besonders in der südöstlichen Elbaue aus. Neben dem Gründerzeitgürtel mit seiner geschlossenen Wohn- und Wirtschaftsbebauung zeichnet sich jene Epoche in der wohlhabenden Residenz- und Kulturstadt durch weitläufige Villenviertel aus. Heraus ragen die „Elbschlösser" (Schloss Albrechtsberg, Lingnerschloss, Schloss Eckberg) und der „Weiße Hirsch". Dieses höher gelegene Villenviertel mit dem beliebten Ausflugslokal „Luisenhof" wurde durch eine Standseilbahn (1895) mit Loschwitz verbunden, von wo auch eine Schwebebahn (1901) nach Oberloschwitz führt. Beide Bahnen gelten als mit die ältesten ihrer Art und sind heute beliebte Tourismusziele.

Nördlich der Neustadt entstanden die ausgedehnten Kasernenkomplexe der Albertstadt, in denen sich heute das Militärhistorische Museum der Bundeswehr mit den kühnen Umbauten von Daniel Libeskind befindet. Unweit hiervon wurde 1909 von Möbelfabrikant Karl Schmidt die für die Lebensreform-Bewegung und kulturelle Moderne bedeutsame Gartenstadtsiedlung Hellerau mit den Deutschen Werkstätten Hellerau und dem bis heute der zeitgenössischen Kultur gewidmeten Festspielhaus begründet.

Zugleich wurde die Infrastruktur mit Kanalisation, Elektrifizierung, Krankenhäusern, Schulen usw. durchgreifend modernisiert. Rückgrat des öffentlichen Nahverkehrs ist bis heute die 1872

als Pferdebahn eröffnete und 1893 elektrifizierte Straßenbahn. Für den rasant zunehmenden Verkehr entstanden neben der erneuerten Augustusbrücke (1910) vier neue Bauwerke: Marienbrücke (1852), Carolabrücke (1895), Albertbrücke (1877) und Loschwitzer Brücke („Blaues Wunder") (1893).

Als repräsentative Neubauten errichtete man neben den staatlichen Verwaltungsgebäuden, Museen und Hochschulen unter anderem das Neue Rathaus (1910) und Schauspielhaus (1913). Auf dem städtischen Ausstellungsgelände am heutigen Straßburger Platz mit dem großen Ausstel-

Die Loschwitzer Brücke gehört als „Blaues Wunder“ zu den Wahrzeichen Dresdens.

lungspalast (1896) fand 1887 die 1. Internationale Gartenbauausstellung statt.
Schon 1865 war Dresden Austragungsort des 1. Deutschen Sängerbundesfestes mit 16.000 Teilnehmern gewesen, die sich auf der Waldschlösschenwiese an der Elbe in einer riesigen Festhalle versammelten. Hieran erinnert die Sängereiche nahe der Waldschlösschenbrücke.

Das Zeitalter der Extreme

Das „Zeitalter der Extreme“, das 20. Jahrhundert mit seinen Weltkriegen und Diktaturen, hat sich tief in die Dresdner Geschichtslandschaft eingegraben. Der Ausbruch des Ersten Weltkrieges 1914 erzeugte zunächst nationale Begeisterung. Die unerwartet lange Dauer und vielen Opfer führten jedoch zu wachsender Kriegsmüdigkeit. Die Revolution am 9. November 1918 mit der Regierungsübernahme durch die SPD

Am heutigen Straßburger Platz entstand 1928 das „Kugelhaus“.

strahlte auch auf Sachsen aus. Der volksnahe König Friedrich August III. (reg. 1904–1918) soll am 13. November mit den vielzitierten, historisch aber nicht sicher verbürgten Worten abgedankt haben: „dann macht doch euren Dreck alleene". Damit endete die jahrhundertelange Herrschaft der Wettiner.

Es folgte die Weimarer Republik mit der turbulenten Nachkriegskrise bis 1923. Die „Goldenen Zwanziger" setzten dann viele kulturell-städtebauliche Impulse. 1927–1933 wirkte mit Otto Dix einer der bedeutendsten Maler der Moderne an der Kunstakademie, dessen Meisterwerk „Der Krieg" (1932) im Albertinum zu sehen ist. 1919 hatte Dix bereits zu den Begründern der expressionistischen „Dresdner Sezession" gehört. 1925 gründete Gret Palucca ihre legendäre Tanzschule, deren Tradition von der Palucca Hochschule für Tanz fortgeführt wird. Gebürtiger Dresdner und der Stadt zeitlebens eng verbunden war Schriftsteller Erich Kästner, Autor erfolgreicher Kinderromane wie „Emil und die Detektive" (1929). Dem prominenten Kritiker der Nationalsozialisten ist das Erich Kästner Museum in der Neustadt gewidmet.

Architektonisch ging Dresden mit dem weltweit ersten „Kugelhaus" (1928) auf dem Ausstellungsgelände am heutigen Straßburger Platz neue

Wege. Für den Aufbruchsgeist jener Zeit steht auch eine der weltweit ersten geschlechtsangleichenden Operationen durch den Dresdner Gynäkologen Kurt Warnekros 1930.

Die Weltwirtschaftskrise ab 1929 mit Massenarbeitslosigkeit und politischer Gewalt beschleunigte den Aufstieg des Nationalsozialismus. Nach dessen „Machtergreifung" 1933 versuchte NSDAP-Gauleiter Martin Mutschmann Dresden durch ein gigantisches „Gauforum" vor dem Hygiene-Museum und massive Umgestaltungen des Elbufers als Machtzentrale zu profilieren, was durch den Kriegsausbruch 1939 verhindert wurde. Auch die Kulturstadt Dresden wurde für die NS-Propaganda missbraucht.

An die Verbrechen des Dritten Reiches erinnern die am 9. November 1938 zerstörte Synagoge von Gottfried Semper (1840), an deren Stelle sich die Neue Synagoge (2001) befindet, und die Gedenkstätte Münchner Platz im Georg-Schumann-Bau der Technischen Universität. Im damaligen Landgericht wurden mehr als 1.300 Menschen hingerichtet. Ein einzigartiges Zeitdokument bilden die Tagebücher des Romanisten Victor Klemperer, der die Entrechtung und Verfolgung der Juden in Dresden von 1933 bis 1945 detailliert festgehalten hat.

Mit dem Zweiten Weltkrieg 1939–1945 entfesselte das Dritte Reich die verheerendste Katastrophe der Geschichte. Für Dresden brachte dies mit den angloamerikanischen Luftangriffen vom

Das zerstörte Dresden nach den Luftangriffen vom Februar 1945

13. bis 15. Februar 1945 die tiefste Zäsur der Stadtgeschichte. Das noch nahezu unversehrte „Elbflorenz“ fiel unter tausenden Bomben und einem mörderischen Feuersturm in Schutt und Asche, bis zu 25.000 Menschen verloren schätzungsweise ihr Leben. Dresden wurde so zum Synonym für das Grauen des modernen Luft-

kriegs. Gerhard Hauptmann brachte seinerzeit die Gefühle nicht nur der Dresdner zum Ausdruck: „Wer das Weinen verlernt hat, der lernt es wieder beim Untergang Dresdens."
Nach dem Ende des Zweiten Weltkrieg fungierte Dresden in der Sowjetischen Besatzungszone beziehungsweise ab 1949 in der DDR zunächst weiter als Landeshauptstadt, ehe Sachsen 1952 in die Bezirke Dresden, Leipzig und Chemnitz (Karl-Marx-Stadt) aufgeteilt wurde. Seine Wirtschaft wurde in das staatliche Plansystem eingegliedert. Mit Großbetrieben wie dem Kombinat Robotron

Hauptsitz des Kombinates Robotron an der Leningrader Straße (St.-Petersburger-Straße), 1990

(1969), größter Hersteller von Büromaschinen und Computern in der DDR, sowie dem aus Zeiss Ikon hervorgegangenen Kamerahersteller Pentacon stellte Dresden weiter einen wichtigen Industriestandort dar.

Bedeutende hochtechnologische Innovationen brachte das Forschungsinstitut Manfred von Ardennes auf dem Weißen Hirsch hervor. Eine eigene DDR-Flugzeugindustrie am Flughafen Dresden-Klotzsche mit dem Typ 152 scheiterte allerdings nach einem tragischen Absturz 1959 mit der Einstellung des Programms 1961. Die hohe Fachkompetenz der Mitarbeiter des VEB Flugzeugwerft Dresden war jedoch weiter bei der Wartung der Interflug-Flugzeuge sowie von Kampfjets und Hubschraubern gefragt.

Beim Wiederaufbau der Stadt gingen große Teile der historischen Strukturen verloren. Nur wenige wertvolle Baudenkmale wie Zwinger (1956), Hofkirche (1962) und Semperoper (1985) erlebten ihre aufwändige Rekonstruktion. Einige wurden, wie die gotische Sophienkirche, trotz erhaltenswerter Bausubstanz und heftiger Proteste von der SED beseitigt. Zahlreiche 1945 in die Sowjetunion verschleppte Kunstwerke einschließlich der Sixtinischen Madonna kehrten erst Mitte der 1950er-Jahre zurück.

Symbole des neuen Gestaltungswillens mit sich deutlich wandelndem Architektur- und Kunstgeschmack waren der an den Dresdner Barock angelehnte Altmarkt (1956), der dortige moderne Kulturpalast (1969) und die Prager Straße als erste Fußgängerzone der DDR (1965–1978) mit Plattenbau-Wohnhäusern, Interhotels, Centrum-Warenhaus und Rundkino. Weite Teile der Innenstadt wurden mit aufgelockerten Wohngebieten versehen oder blieben unbebaut, breite Achsen durchbrachen das einst engmaschige Straßenraster.
Ein neues Wahrzeichen und beliebtes Ausflugsziel wurde der 252 Meter hohe Fernsehturm (1969) in Wachwitz. Freilich war im häufig als „Tal der Ahnungslosen" oder „ARD" („Außer Raum Dresden") verspotteten Dresdner Elbkessel kaum Empfang von West-Fernsehen möglich. Dem stand eine ausgeprägte bildungsbürgerliche Identität und lebendige Kulturszene gegenüber, wie sie Uwe Tellkamp in seinem Roman „Der Turm" (2008) literarisch aufgegriffen hat.
Nach dem Volksaufstand vom 17. Juni 1953 und dem Bau der Berliner Mauer 1961 mit dem Ende der Massenabwanderung in den „Westen" zielte die SED durch die „Einheit von Wirtschafts- und Sozialpolitik" auf eine zufriedene Bevölkerung. So sollte das Wohnungsproblem neben dem in-

nerstädtischen Neubau durch riesige Plattenbaugebiete an der Peripherie, wie in Prohlis und Gorbitz, gelöst werden.

Zugleich trug das Ministerium für Staatssicherheit (MfS) mit seiner über 3500 Mitarbeiter zählenden Bezirksverwaltung wesentlich zum Machterhalt der Partei bei. Heute befindet sich in der ehemaligen MfS-Untersuchungshaftanstalt in der Bautzener Straße, von der aus der Weg für viele Häftlinge tatsächlich nach

Der Kulturpalast steht für den Wiederaufbau in der DDR-Zeit.

Bautzen in das berüchtigte Gefängnis führte, eine Gedenkstätte.

Dresden gehörte neben Leipzig zu den Zentren der friedlichen Revolution 1989. Die Wandlungen im „Ostblock", die Fluchtwelle über Ungarn und die BRD-Botschaften und der 40. „Republikgeburtstag" am 7. Oktober erzeugten eine tiefe Krisenstimmung. Der brutale Einsatz der Volkspolizei gegen Demonstranten in Dresden trug hierzu erheblich bei. Schon seit dem 3. Oktober war es anlässlich der Durchfahrt von Zügen mit Botschafts-Flüchtlingen aus Prag rund um den Hauptbahnhof zu schweren Ausschreitungen gekommen.

All dies führte zur Entstehung einer breiten Bürgerbewegung. Der Mauerfall vom 9. November 1989 leitete dann den rasanten Prozess hin zur deutschen Wiedervereinigung ein. Ein Schlüsselereignis hierbei war der umjubelte Auftritt von Bundeskanzler Helmut Kohl am 19. Dezember vor der Dresdner Frauenkirchen-Ruine, der die Stimmung in großen Teilen der DDR-Bevölkerung spiegelte.

Dresden, Mahnwache vor dem Stasi-Gebäude, September 1990

DE MO
17.9.
über
meine

Dresden seit 1990

Friedliche Revolution und Wiedervereinigung Deutschlands 1989/90 brachten auch die Renaissance der Länder in der DDR. Das Bundesland Sachsen konstituierte sich am 3. Oktober 1990 im Wesentlichen aus den Bezirken Dresden, Leipzig und Karl-Marx-Stadt/Chemnitz. 1992 verabschiedete der Landtag eine Landesverfassung, in der sich Sachsen in Anknüpfung an 1918/20 den Namen Freistaat gab.

Dresden wurde erneut Landeshauptstadt, was sich in repräsentativen Gebäuden für Parlament und Staatsregierung im Stadtbild niederschlägt. Während der Landtag in der um einen modernen Neubau (1994) erweiterten ehemaligen SED-Bezirksleitung am südlichen Elbufer seine Heimstatt fand, bezog die Staatskanzlei das 1904 errichtete Ministerialgebäude im „Regierungsviertel" am Neustädter Ufer.

Die Sächsische Staatskanzlei residiert am Neustädter Elbufer.

Die ökonomische Entwicklung wurde vom Zusammenbrechen der DDR-Planwirtschaft geprägt. Dresden erlitt unter Regie der Treuhand eine weitgehende Deindustrialisierung. Profilprägende Unternehmen wie Robotron und Pentacon wurden liquidiert oder verloren ihre Bedeutung. Gleichzeitig blieb Dresden ein beachtliches Technologiezentrum durch Neuansiedlungen wie den Halbleiterhersteller Infineon (1994), die Gläserne Manufaktur von VW (2002) und zahlreiche mittelständische Unternehmen.

Neue Impulsgeber sind auch das Landesfunkhaus des Mitteldeutschen Rundfunks (MDR) und private Medien. Der Ausbau der Autobahnen A 4 und A 13, die neue A 17 Dresden–Prag, der Ausbau des Eisenbahnknotens mit dem sanierten Hauptbahnhof und des Flughafens mit den Elbe Flugzeugwerken verbesserten die Anbindung der Stadt. Auch der Nahverkehr wurde umfassend modernisiert.

Die Hochschulen samt zahlreicher Forschungseinrichtungen spielen weiterhin eine wichtige Rolle, allen voran die zu den deutschen Exzellenz-Universitäten zählende Technische Universität (TU). Mit der Angliederung der Medizinischen Akademie „Carl Gustav Carus", der Hochschule für Verkehrswesen „Friedrich List" und der Pädagogischen Hochschule „Karl Friedrich Wilhelm Wander" stieg sie 1992 zur Volluniversität mit heute 14 Fakultäten auf. Hinzu kommen die Hochschule für Technik und Wirtschaft (HTW), die Hochschule für Bildende Künste (HfBK), die Hochschule für

Beyer-Bau der Technischen Universität Dresden

Musik „Carl Maria von Weber“ (HfM), ein Institut der United Nations University, die Evangelische Hochschule für Soziale Arbeit und die Hochschule für Kirchenmusik.

In ihrer Bedeutung weiter gestiegenen sind Dienstleistung und Tourismus. Dresden steht mit seiner rekonstruierten historischen Silhouette symbolisch für die Renaissance des reichen kulturellen Erbes in Sachsen. Besondere, tief emotionale Bedeutung hatte die aus bürgerschaftlichem Engagement hervorgegangene Wiedererrichtung der Frauenkirche, deren Ruine in der DDR-Zeit als Mahnmal gegen den Krieg gedient hatte. Dank weltweiter Spenden konnte das einzigartige barocke Gotteshaus nach einem guten Jahrzehnt Bauzeit am 30. Oktober 2005 wiedergeweiht werden. Um die Kirche wurde das komplette Neumarkt-Viertel rekonstruiert.

Der bereits 1985 begonnene Wiederaufbau des Residenzschlosses hat der Stadt über das prunkvolle Baudenkmal der sächsischen Kurfürsten und Könige hinaus eines der bedeutendsten Museen weltweit zurückgegeben. Die Staatlichen Kunstsammlungen Dresden (SKD) präsentieren dort neben großen Sonderausstellungen

---

Die Frauenkirche konnte 2005 wiedergeweiht werden.

Der Dresdner Striezelmarkt zieht jährlich 2,5 Millionen Besucher an.

das Historische und Neue Grüne Gewölbe, das Kupferstich-Kabinett, die Rüstkammer und das Münzkabinett. 2013 konnte die rekonstruierte Schlosskapelle mit ihrem kunstvollen Schlingrippengewölbe als Veranstaltungsraum eingeweiht werden. Die SKD sind darüber hinaus für ein gutes Dutzend Einrichtungen von Weltruf verantwortlich, wie die Sammlungen im Zwinger, Albertinum und Schloss Pillnitz.

Highlights im Tourismusjahr sind die großen Volksfeste, allen voran der seit 1434 in der Vorweihnachtszeit veranstaltete Dresdner Striezelmarkt auf dem Altmarkt, dessen Name sich vom begehrten Dresdner Christstollen herleitet. Weitere kulinarische Spezialitäten Made in Dresden sind Russisch Brot, Dominosteine, Eierschecke, Pflaumentoffel und Quarkkäulchen. Musikfreunde kommen beim Dixielandfestival, Heinrich Schütz Musikfest, den Dresdner Musikfestspielen und vielen weiteren Festivals auf ihre Kosten. Aufführungen, Konzerte und Bälle in der glanzvollen Semperoper und in den übrigen Musentempeln sind sehr gefragt.

Trotz dieser positiven Entwicklungen hat Dresden noch immer mit dem Verlust großer Teile der Wirtschaft zu kämpfen. Dies hatte wie im ganzen Lande die Abwanderung besonders junger, gut ausgebildeter Menschen zur Folge. Die Einwohnerzahl in Sachsen ging von 4,8 auf 4,0 Millionen zurück. Dresden trotzt freilich neben Leipzig seit einigen Jahren diesem Negativtrend. Zählte es 1989 knapp 520.000 Einwohner, war deren Zahl auf dem Tiefpunkt 1998 bei gut 450.00 angekommen. Seither ist sie jedoch wieder gestiegen, durchbrach im 800. Jubiläumsjahr 2006 erneut die Halbmillionen-Grenze und liegt heute bei rund 560.000. Dresden rangiert damit an zwölfter Stelle unter den deutschen Großstädten. Dieses beachtliche Wachstum ist in Form von zahlreichen Neubauten unübersehbar. Insbesondere die Wohn- und Geschäftskomplexe rund um den historischen Stadtkern verleihen Dresden wieder mehr Urbanität. Die Achse Hauptbahnhof – Prager Straße – Altmarkt-Galerie (2002) gehört zu den beliebtesten Einkaufsmeilen des Landes, die neue Messe im Ostragehege (1999) und das Internationale Congress Center (2004) sind sehr gefragt, das einstige Kraftwerk Mitte beherbergt seit 2016 ein Kulturzentrum, die traditionsreiche SG Dynamo Dresden spielt seit 2009 im modernen Rudolf-Harbig-Stadion, viele weitere Anziehungspunkte sind entstanden. Hierzu zählt auch die Äußere Neustadt als lebendiger Kulturstadtteil.

Mancher Neubau war freilich auch umstritten. So kostete die nach langen emotionalen Debatten gebaute Waldschlößchenbrücke (2013) der Stadt den kurzlebigen UNESCO-Welterbetitel „Kulturlandschaft Dresdner Elbtal“.

Die sächsische Landeshauptstadt ist also mit Blick auf die Entwicklungen seit 1990 gut für die Zukunft aufgestellt. Schon auf den ersten Blick machen dies die vielen sanierten und neu errichteten Gebäude, die wirtschaftlichen „Leuchttürme“, die Hochschulen und die moderne Infrastruktur deutlich. Das wie Phönix aus der Asche wiederauferstandene „Elbflorenz“ besitzt zudem nicht nur internationale Zugkraft, sondern wirkt auch identitätsstiftend. Nirgendwo in Sachsen ist die tief verwurzelte Landesgeschichte so greifbar.

Die reiche Stadtgeschichte kann vor allem im einstigen Landhaus in der Wilsdruffer Straße erlebt werden. Der in interessanter Mischung aus Barock, Rokoko und Klassizismus errichtete Prachtbau diente von 1775 bis 1907 als Tagungsort der Landstände bzw. Landtage Sachsens.

Im einstigen Landhaus befindet sich das Stadtmuseum Dresden.

Dort befindet sich seit 1966 das Stadtmuseum Dresden. Nach umfassender Sanierung konnte im Jubiläumsjahr 2006 eine neue, alle Epochen seit den Stadtanfängen umfassende Dauerausstellung eingeweiht werden. Highlights sind moderne museale Inszenierungen und große Stadtmodelle, authentische Exponate wie wertvolle Grabbeigaben aus der Sophienkirche, aber auch erschütternde Zeitdokumente vom Februar 1945. Sonderausstellungen, Forschungsprojekte, Kolloquien, der große Fundus und Publikationen wie die Reihe „Dresdner Geschichtsbuch“ machen das Museum zu einem lebendigen Ort der Stadtgeschichtspflege. 2002 konstituierte sich im Haus die Städtische Galerie Dresden, die den umfassenden Kunstbestand übernahm. Dem Stadtmuseum zugeordnet sind das Carl-Maria-von-Weber-Museum, Kraszewski-Museum, Kügelgenhaus und Schillerhäuschen. Auch der 1869 gegründete und 1991 wiedergegründete Dresdner Geschichtsverein, Herausgeber der historischen Zeitschrift „Dresdner Hefte“, hat im Stadtmuseum seinen Sitz.

Literaturtipps

- Karlheinz Blaschke (Hg.): Geschichte der Stadt Dresden. Bd. 1. Stuttgart 2005.
- Reiner Groß (Hg.): Geschichte der Stadt Dresden. Bd. 2. Stuttgart 2006.
- Holger Starke (Hg.): Geschichte der Stadt Dresden. Bd. 3. Stuttgart 2006.
- Reiner Groß: Geschichte Sachsens. Leipzig 2012.
- Frank-Lothar Kroll: Geschichte Sachsens. München 2014.
- Fritz Löffler: Das alte Dresden. Dresden 1955.
- Olaf B. Rader: Kleine Geschichte Dresdens. München 2005.
- Steffen Raßloff: Kleine Geschichte Sachsens. Ilmenau 2018.
- Stadtmuseum Dresden. Kultur – Geschichte – Erleben. Chemnitz 2010.
- Dresdner Hefte. Zeitschrift zur Regional- und Kulturgeschichte Dresdens. *(Hg. vom Dresdner Geschichtsverein, seit 1983)*
- Dresdner Geschichtsbuch. *(Hg. vom Stadtmuseum Dresden, seit 1995)*

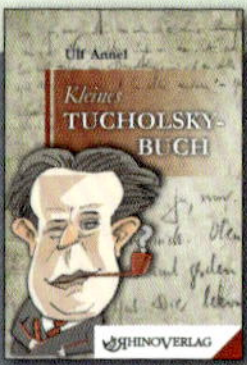

Komplettes Programm
im Internet: shop.vggh.de

Neuerscheinungen

ihjahr 2019

RHINOVERLAG